風《かぜ》のあかちゃん

JUNIOR POEM SERIES

井上和子 詩集　吉田瑠美 絵

銀の鈴社

Ⅰ　風《かぜ》のあかちゃん

Ⅱ　森《もり》のあかちゃん

Ⅲ　じいちゃんが大《だい》好《す》きだ

I

風《かぜ》のあかちゃん

風《かぜ》のあかちゃん

うまれたよ
風のあかちゃん
ちいさな　ちいさな
風のあかちゃん
ポピーのお花《はな》も
まだゆすれない
うまれたばかりの
風のあかちゃん

うまれたよ
風のあかちゃん
ちいさな　ちいさな

風のあかちゃん
ビオラのかおりも
まだはこべない
よちよちあるきの
風のあかちゃん

うまれたよ
風のあかちゃん
ちいさな　ちいさな
風のあかちゃん
わたしのおへやに
まだとどかない
かわいい　かわいい
風のあかちゃん

エノコロ草《ぐさ》

エノコロ草の　丸《まる》い穂《ほ》は
母《はは》の優《やさ》しい　腕《うで》のよう
だれをあやして　いるのかな
風《かぜ》に吹《ふ》かれて
ゆらゆら　揺《ゆ》れる
ゆらゆら　揺れる
ゆらゆら　子守歌《こもりうた》

エノコロ草の穂の先《さき》で
そっとうたたね　赤《あか》トンボ
だれと夢見《ゆめみ》ているのかな

羽根《はね》に　薄日《うすび》が
きらきら　光《ひか》る
きらきら　光る
きらきら　光ってる

エノコロ草の　丸い穂は
露《つゆ》の小人《こびと》の　おふとんね
だれを　お客《きゃく》に呼《よ》ぶのかな
雨《あめ》の切《き》れ間《ま》に
そわそわしてる
そわそわしてる
そわそわかかる虹《にじ》

春《はる》のお庭《にわ》は　花《はな》いっぱい

水仙《すいせん》咲《さ》いた　ムスカリ咲いた
春のお庭は　花いっぱい
お日《ひ》さまぽかぽか　小鳥《ことり》がないて
わたしもお空《そら》へ　せのびした

ビオラが咲いた　アネモネ咲いた
春のお庭は　風《かぜ》いっぱい
あまい匂《にお》いに　包《つつ》まれながら
わたしもおもわず　しんこきゅう

パンジー咲いた　ネモフィラ咲いた
春のお庭は　夢《ゆめ》いっぱい
蝶《ちょう》ちょのおどりに　ついさそわれて
わたしもはずんで　ジャンプした

夕焼《ゆうや》けの風《かぜ》に乗《の》り

夕焼け空《ぞら》の　向《む》こう岸《ぎし》で
だれかが　今《いま》も　歌《うた》ってる
こどものころに聞《き》いた歌
とぎれ　とぎれに　風に乗り
とぎれ　とぎれに　聞こえてる
思《おも》い出《で》つなぐ　声《こえ》だよ

夕焼け空の　向こう岸で
だれかが　今も　遊《あそ》んでる
ジャンケンポンョ　アイコデショ

とぎれ　とぎれに　風に乗り
とぎれ　とぎれに　聞こえてる
ふるさと描《えが》く　声だよ

夕焼け空の　向こう岸で
だれかが　今も　呼《よ》んでいる
優《やさ》しい母《はは》に　似《に》た声《こえ》が
とぎれ　とぎれに　風に乗り
とぎれ　とぎれに　聞こえてる
恋《こい》しさつづる　声だよ

きっと　そうよね

なにげなく
お庭《にわ》にでたら　さわやかな
ハーブの香《かお》り　揺《ゆ》れていた
きっと風《かぜ》さん　遊《あそ》んでたのね

なにげなく
お庭にでたら　にっこりと
まっかな　バラが　笑《わら》ったよ
きっと　わたしを　まっていたのね

なにげなく
お庭にでたら　チイチイと
小鳥《ことり》の声《こえ》が　はずんでた
きっと新曲《しんきょく》　はっぴょう会《かい》ね

雨《あめ》あがりの空《そら》

雨あがりの空は　澄《す》んだ空
だれかが　幸《しあわ》せになる　空
父《とう》さんと　竹《たけ》とんぼ　とばした
あの日《ひ》の空
風《かぜ》がゆれていた
はつなつの空

雨あがりの空は　青《あお》い空
ツバメが　宙《ちゅう》がえりする　空
父さんと　シャボン玉《だま》　とばした
あの日の空
夢《ゆめ》がゆれていた
おもいでの空

北《きた》の大地《だいち》

さわやかな　風《かぜ》　渡《わた》る
みどりの丘《おか》
じゃがいもの　白《しろ》い花《はな》
どこまでも　つづくよ
北の大地の　やさしさそめて

きよらかな　雲《くも》　浮《うか》ぶ
みどりの丘
ビール麦《むぎ》　ほほそめて
はてしなく　つづくよ
北の大地の　輝《かがや》きのせて

夕映《ゆうば》えに　つつまれた
みどりの丘
星《ほし》たちの　ささやきが
ときをこえ　つづくよ
北の大地の　ときめき　あつく

駆《か》け出《だ》してごらん

さあ
駆け出してごらん　海《うみ》のかなたへ
波《なみ》ははげしさを　風《かぜ》は優《やさ》しさを
見《み》えない愛《あい》に　きっときづくよ
この素晴《すば》らしい大地《だいち》に
抱《いだ》かれている　よろこびを
心《こころ》にきざもうよ
駆け出してごらん

さあ
背《せ》のびしてごらん　空《そら》ははてなく
山《やま》は豊《ゆた》かさを　虹《にじ》ははかなさを
見えない命《いのち》　きっときづくよ
このめぐりくる　いとなみに
生《い》かされている　よろこびを
心にきざもうよ
背のびしてごらん

もう春《はる》だから

いのこりしている　北風《きたかぜ》さん
はやく　おかえり　ふるさとへ
きこえるでしょう　梅《うめ》のこえだ
春のいのちが　ふくらむ　おとよ
もう春　春だから

いのこりしている　北風さん
きっとこの町《まち》　すきなのね
きれいでしょう　キャベツばたけ
春のいのちが　もえでる　いろよ
もう春　春だから

いのこりしている　北風さん
はやく　おかえり　ふるさとへ
きこえるでしょう　川《かわ》のながれ
春のいのちが　みなぎる　おとよ
もう春　春だから

あの子《こ》

笑顔《えがお》のすてきな　あの子
今日《きょう》も　だれかを　幸《しあわ》せにしてる
あの子の笑顔は　ふんわりと
しゃぼん玉《だま》みたいに　夢《ゆめ》をよぶ

お花《はな》のような　あの子
今日も　だれかを　幸せにしてる
あの子がいれば　いつだって
心《こころ》はひだまり　あたたかい

げんきいっぱいの　あの子
今日も　だれかを　幸せにしてる
あの子が歌《うた》えば　よってくる
小鳥《ことり》とおひさま　春《はる》の風

風《かぜ》になりたい

風になりたい　砂丘《さきゅう》を渡《わた》る
風になりたい　柔《やわ》らかな
旅《たび》する人《ひと》の　憧《あこが》れと
夢《ゆめ》がこぼれた　砂《すな》の上《うえ》
水彩《すいさい》画《が》家《か》の　振《ふ》りをして
絵筆《えふで》を走《はし》らす　風になりたい

風になりたい　渚《なぎさ》を走《はし》る
風になりたい　軽《かろ》やかな
小石《こいし》が歌《うた》う　海《うみ》の歌

波《なみ》が忘《わす》れた　さくら貝《がい》
速達便《そくたつびん》の　ふりをして
街《まち》まで届《とど》ける　風になりたい

風になりたい　浜辺《はまべ》を駆《か》ける
風になりたい　さわやかな
光《ひかり》を浮《う》かべ　果《は》てしなく
波紋広《はもんひろ》げた　この海に
恋《こい》しい人《ひと》の　ふりをして
思《おも》い出《で》ひもとく　風になりたい

Ⅱ

森《もり》のあかちゃん

森《もり》のあかちゃん

おちばの　おふとん
ふかふか　おふとん
ねむっているのは　だあーれ
それはね　それは
森のあかちゃん　かわいい　どんぐり

おほしがきらきら
しずかな　よふけ
ちいさな　ねいきが　するでしょう
やがてね　やがて
森のだいじな木《き》になる　あかちゃん

芽《め》をだし　葉《は》をつけ
大地《だいち》に根《ね》づき
じょうぶで　つよーく　なあーれ
いつかね　いつか
森をささえる　げんきな　あかちゃん

雪《ゆき》の花《はな》びら

ちょうちょ　みたいな雪　雪
雪がふってくる
とおーい　とおーい空《そら》の
どこでうまれて
いるのでしょう
まっしろい雪

花びら　みたいな雪　雪
雪がふってくる
くらい　くらい　空の

どこでひらいて
いるのでしょう
まっしろい　雪

ほうせき　みたいな雪　雪
雪がふってくる
ふかい　ふかい空の
どこで　みがかれて
いるのでしょう
まっしろい　雪

かわいい赤《あか》ちゃん

かわいい　かわいい
かわいい　おくちで
ねこの　赤ちゃん
おちちを　さがす

かわいい　かわいい
かわいい　あんよで
ペンギンの　赤ちゃん
よちよち　あるく

かわいい　かわいい
かわいい　しっぽで
ぶたの　赤ちゃん
バイバイ　するよ

おうだん　ほどう

あら　あら
スズメが三羽《さんば》　駅前《えきまえ》の
おうだんほどうを　わたってる
おぎょうぎ　いいけど
いま　赤《あか》よ

あら　あら
スズメが三羽　ちらばって
車《くるま》にひかれて　しまいそう
ドキドキ　してるの
このわたし

あら　あら
スズメが三羽　とびたった
そうよね　君《きみ》たち　とべるんだ
しんぱいしたけど
よかったね

きゅうりがなった

キュッ　キュッ　キュッ
きゅうりが　なった
花《はな》びらゆらしてなった
ネットをつたってお空《そら》の上《うえ》で
ぶらんこ　しながら
のんびり　なった

キュッ　キュッ　キュッ
きゅうりが　なった
はっぱの　かげにも　なった

ネットをとびこえ　おつむとおつむ
こつんこ　しながら
ぶらりと　なった

キュッ　キュッ　キュッ
きゅうりが　なった
ゆうだち　くぐって　なった
ネットに　からんで　もつれたつるに
もつれて　おどけて
まがって　なった

もうすぐ春《はる》よ

わたしが植《う》えた　チューリップ
小《ちい》さなみどりの　芽《め》がのぞき
雪《ゆき》のおぼうし　かぶってる
がんばってね　もうすぐ春よ

そおっと指《ゆび》で　雪《ゆき》ぼうし
のぞけばみどりの　芽《め》がかわいい
青《あお》いお空《そら》が　みえたでしょ
がんばってね　もうすぐ春よ

ひなだん　みたい　チューリップ
ならべてまいにち　ながめては
花《はな》のさくのを　まっている
がんばってね　もうすぐ春よ

ふっふっふっ

ふわっとゆき　ぼたんゆき
ふわっととまる　梅《うめ》の木《き》に
つぼみのふりして　ふっふっふっふっ
わらって　とけるよ　朝《あさ》の陽《ひ》に

ふわっとゆき　ぼたんゆき
ふわっととまる　犬《いぬ》の耳《みみ》
わたげのふりして　ふっふっふっふっ
ひかってとまるよ　朝の陽に

ふわっとゆき　ぼたんゆき
ふわっととまる　ぼくのかた
てんしのふりして　ふっふっふっふっ
やさしくとけるよ　朝の陽に

わあ　ゆうだちだ

わあ　ゆうだちだ　ゆうだちだ
トタンのおやねが　パンパラパン
お祭《まつ》りさわぎの　にぎやかさ
とかげのぼうやは　おおあわて
お家《うち》を　めざして　走《はし》ってく

わあ　ゆうだちだ　ゆうだちだ
ジャガイモ畑《ばたけ》を　よこぎって
お庭《にわ》の　あじさい　たたいてる
でんでん虫《むし》さん　つのいたい
それでも　おさんぽ　うれしくて

わあ　ゆうだちだ　ゆうだちだ
向《む》かいのお山《やま》を　けぶらせて
稲田《いなだ》をかけてく　ゆうだちだ
ゲコゲコかえるは　いっせいに
のどぶえならして　大《おお》はしゃぎ

いっぱい　いっぱい

お庭《にわ》に出《で》れば　小鳥《ことり》が　いっぱい
お空《そら》を　あおげば　ひかりが　いっぱい
手《て》をふる　あの子《こ》　笑顔《えがお》がいっぱい

あぜ道《みち》ゆけば　レンゲが　いっぱい
石橋《いしばし》わたれば　コブナが　いっぱい
舞《ま》えまえ　蝶《ちょう》ちょ　きいろが　いっぱい

口笛《くちぶえ》ふけば　友達《ともだち》いっぱい
かけてくぼくらは　元気《げんき》がいっぱい
草原青《そうげんあお》く　希望《きぼう》が　いっぱい

柿《かき》の実《み》　つんだ

柿の実　つんだ
お山《やま》で　つんだ
せおった　竹《たけ》かご
山《やま》もり　つんだ
あかい　柿の葉《は》
ちらちら　まって
いっしょに　かえるよ
かごのなか

カラスが　ないた
カエルが　ないた
とりいれすんでる
たんぼで　ないた
かかしがぽつんと
おかおを　そめて
夕《ゆう》やけ　みてたよ
かえりみち

ありがとう

あさはやく　窓《まど》をあけたら
お星《ほし》さまが　光《ひか》ってた
よなかじゅう
まどのそばに　いたんだね
楽《たの》しいゆめを　いっぱい　みたよ
ありがとう

あさはやく　窓をあけたら
あさがおが　咲《さ》いていた
こっそりと

ぼくをまっていたんだね
なんだかきょうも　元気《げんき》がでそう
ありがとう

・

あさはやく　窓をあけたら
しんぶんが　とどいてた
ぼくよりも
はやいひとが　いたんだね
がんばるきもち　つたわってきたよ
ありがとう

オハグロトンボ

小川《おがわ》の水草《みずくさ》
しぶきにぬれて
キラリキラキラ　光《ひか》ってる
葉《は》っぱの上《うえ》で　やすんでる
オハグロトンボ　涼《すず》しそう

せなかの　くろーい
四枚《よんまい》のはね

とじてひらいてまたとじて
だれかにあいず　してるのか
オハグロトンボ　ふしぎだな

小川の流《なが》れに
水影《みずかげ》ゆれて
キラリキラキラ　輝《かがや》いて
わたしの胸《むね》に　とまったら
オハグロトンボ　きれいだろ

ふうせんかずら

ふうせんかずらの　実《み》がなった
みどりいろで　まるくって
風《かぜ》がふくたび　ゆうらゆら
ぶらんこしてる　つるの先《さき》

ふうせんかずらの　実をとって
ゆびでひらけば　たねみっつ
肩《かた》をよせあい　おはなしちゅう
きっと仲良《なかよ》し　兄弟《きょうだい》ね

ふうせんかずらの　種《たね》ふしぎ
黒《くろ》と白《しろ》で　ハート型《がた》
みれば　みるほど　おさる顔《がお》
みんなふきだし　わらったよ

Ⅲ　じいちゃんが大《だい》好《す》きだ

じいちゃんが大好《だいす》きだ

いつも　にこにこ　笑《わら》ってる
じいちゃんが　大好きだ
だれよりも　早《はや》おきで
トマトや　キュウリを作《つく》ってる
たまには　ぼくもてつだうよ

草《くさ》のにおいが　しみている
じいちゃんが　大好きだ

日《ひ》やけした　ごつい手《て》で
よいしょと　スイカを　かかえてる
その目《め》がとても　やさしいんだ

むかしばなしが　聞《き》けるから
じいちゃんが　大好きだ
クワガタをとったこと
なんども　なんども　話《はな》すんだ
子どもの　じいちゃん　ゆかいだよ

じいちゃんとおふろ

じいちゃんとおふろ　たのしいな
てぬぐいぼうずを　つくったの
ギュッと　つかむと　ジュワッとあぶく
あぶく　あぶく
なんども　つくって　あそんだよ

じいちゃんとおふろ　いいきもち
おおきなゆずのみ　うかべたの
かぜをひかない　げんきな　からだ
ぽっか　ぽっか
ぼくもうかぜなんか　ひかないね

じいちゃんとおふろ　でたくない
いちにいかぞえて　とおまでね
ゆっくり　つかろ　かたまでつかろ
まだよ　まだよ
あしたも　はいろ　じいちゃんと

ほおずき

庭《にわ》のほおずき　まっかにうれて
うら木戸《きど》くぐる　そのたびに
にっこり　笑《わら》って　むかえてくれる
じいちゃんが　手植《てう》えした
ほおずき

うれたほおずき　花《か》びんにさして
写真《しゃしん》の前《まえ》で　手《て》をあわす
今《いま》はお空《そら》で　ぼくらをみてる
じいちゃんが　うれしそう
笑ってる

野菜《やさい》づくりが　生《い》きがいだよと
つやつやのトマト　もいできた
わすれられない　あの顔《かお》　あの手《て》
じいちゃんは　生きている
こころに

もぐらさん

もぐらさん
君《きみ》のおうちは　土《つち》の中《なか》
ひんやりしていて　気持《きも》ちいい？
ぼくはね　楽《たの》しい夏休《なつやす》み
こん虫《ちゅう》さいしゅう　しているよ

もぐらさん
庭《にわ》につくった　穴《あな》ふたつ
トンネルごっこで　遊《あそ》んだの？
それとも　穴から　星空《ほしぞら》を
うっとりながめて　いるのかな

もぐらさん
もしも君に　であえたら
おねがいしたい　ことがあるの
ぼくとね　おじいちゃんが　育《そだ》ててる
トマトの畑《はたけ》は　ほらないで

もぐらさん　もぐらさん　おねがい

水《みず》でっぽう

おじいちゃんに
つくってもらった　水でっぽう
おひさまめがけて
シュッ　シュッ　シュッ
うわあ　七色《なないろ》のきりがふる
シュッ　シュッ　シュッ

おじいちゃんに
つくってもらった　水でっぽう
節電《せつでん》たいさく

シュッ　シュッ　シュッ
うわあ　体《からだ》じゅうすずしいよ
シュッ　シュッ　シュッ

おじいちゃんに
つくってもらった　水でっぽう
子犬《こいぬ》のゴンタに
シュッ　シュッ　シュッ
うわあ　にげながらうれしそう
シュッ　シュッ　シュッ

花《はな》だより

おじいちゃん　おばあちゃん
おげんきですか
わたしが　育《そだ》てた　パンジーの　お花を
お手紙《てがみ》で　送《おく》ります
花《か》だんで　いちばん　はなやかな　二輪《にりん》
そのままそっと　押《お》し花《ばな》で

おじいちゃん　おばあちゃん
おげんきですか
わたしが　育てた　ラベンダー一束《ひとたば》
こづつみで　送《おく》ります
お庭《にわ》で　いちばん　さわやかな　かおり
そのままそっと　届《とど》けます

ばあちゃんのたんじょうび

今日《きょう》は　ばあちゃんの　たんじょうび
いちごの絵《え》のある　かわいい　おさら
百円《ひゃくえん》ショップで　かいました
わたしがやいた　クッキーが
おしゃれで　おいしくみえるでしょう

今日は　ばあちゃんの　たんじょうび
お庭《にわ》に咲《さ》いてる　パンジーつんで
小《ちい》さなブーケを　作《つく》ったの
ばあちゃんの胸《むね》で　ほんのりと
やさしいかおりが　ゆれてます

今日は　ばあちゃんの　たんじょうび
かぞくの　笑顔《えがお》が　テーブルかこみ
おめでとうって　祝《いわ》ってる

ちかくにしてね

だいすきな　おじいちゃん
つまずかないでね
ころばないでね
いつもの道《みち》でも
ちかくにしてね　ねっ
ひとりのときの　おさんぽは

だいすきな　おじいちゃん
よくばらないでね
むりしないでね
げんきは　いいけど
ちかくにしてね　ねっ
ひとりのときの　おさんぽは

おにぎり　うふふ

母《かあ》さんの　おにぎり
たわらの　おにぎり
たらこのふりかけ　まぶしてにぎる
かんたん　おにぎり
でも　おいし

ばあちゃんの　おにぎり
さんかく　おにぎり
てづくりうめぼし　つつんでにぎる
かんたん　おにぎり
でも　おいし

わたしの　おにぎり
まんまる　おにぎり
カンヅメのシャケを　ほぐしてにぎる
じまんの　おにぎり
でも　うふふ

かあさんの　ふるさと

かあさんの　ふるさと
山《やま》のそば
裏《うら》の井戸《いど》ばた
スイカが　ひえて
ぼくらが　行《い》くのを　まっていた

かあさんの　ふるさと
山《やま》のそば
牛《うし》の子《こ》どもが
夏《なつ》くさたべて
まんぞくそうに　ねむってた

かあさんの　ふるさと
山のそば
トマト畑《ばたけ》で
じいちゃん　しごと
おでこを　ふきふき　手《て》をふった
かあさんの　ふるさとは　いいな

ねえ　母《かあ》さん

ねえ　母さん
わたしが編《あ》んだ　クローバの
花《はな》かんむりを　あげましょう
優《やさ》しいやさしい　母さんに
だれよりすてきに　にあうから

ねえ　母さん
赤《あか》ちゃんのころに　耳《みみ》にした
お歌《うた》を歌ってあげましょう
優しいやさしい　母さんの
お胸《むね》できいてた　あのうたを

ねえ　母さん
わたしがみつけた　宝《たから》もの
四《よ》ツ葉《ば》のクローバ　あげましょう
優しいやさしい　母さんの
笑顔《えがお》を　ずーっと　みたいから

草《くさ》とりしたよ

草とりしたよ　母《かあ》さんと
お日《ひ》さま　くもから　かおだして
にこにこにっこり　みていたよ
草のにおいが　ゆびさきに
ちょっぴり　のこった　日《にち》ようび

草とりしたよ　母さんと
パセリにレタスに　青《あお》いねぎ
もうすぐ　つんでも　いいころね
土《つち》のにおいが　おだいどこ
ちょっぴり　とどいた　日ようび

草とりしたよ　母さんと
長《なが》ぐつぶかぶか　いもうとも
はしゃいで　ころんで　どろまみれ
ばらのにおいが　かきねから
ちょっぴり　のぞいた　日ようび

ありがとう　まけないよ

さそってくれて　ありがとう
待《ま》っててくれて　ありがとう
話《はな》しかけてくれて　ありがとう
いつも　いつも
ゆっくりの　ぼくだけど
うれしい気持《きも》ちは　まけないよ

みとめてくれて　ありがとう
勇気《ゆうき》をくれて　ありがとう
だいじにしてくれて　ありがとう

いつも　いつも
ゆっくりの　ぼくだけど
感謝《かんしゃ》の気持ちは　まけないよ

笑顔《えがお》をくれて　ありがとう
ささえてくれて　ありがとう
カバン持ってくれて　ありがとう
いつも　いつも
ゆっくりの　ぼくだけど
がんばる気持ちは　まけないよ

君《きみ》はともだち

思《おも》いどおりに　ならなくて
おちこんでる　ぼくの肩《かた》
ポンとたたいて　にこっと笑《わら》う
君はともだち　ぼくのともだち
君といっしょに　いるだけで
元気《げんき》になって　いるんだよ

いつかおかえし　したくって
さびしい君を　さがしても
いつも明《あか》るく　気《き》づかってくれる

君はともだち　ぼくのともだち
君といっしょに　いるだけで
希望《きぼう》がわいて　くるんだよ
君はともだち　ぼくのともだち

あとがき

小さい頃からたんぼや畑、山や川の自然に囲まれ育った私、お花が好きでよくお花の手入れをしていました。

そんな時、そよそよと吹く小さな風に「風のあかちゃんみたい」と思いました。そしてその時書いた「風のあかちゃん」という詩が今回出版させていただいた詩集のタイトルになるなんて夢の様です。

「夢は諦めなければ必ず叶う」という言葉は本当ですね。拙い詩ですが、立派な詩集にまとめて下さった銀の鈴社の柴崎俊子様、西野真由美様をはじめ、携わって下さった皆様に感謝とお礼の気持ちで一杯です。

色々とご指導お励ましを下さった皆様に心よりお礼申し上げます。

画家の吉田瑠美様、爽やかな絵をありがとうございました。

井上和子

作 品 周 辺（受賞・作曲一覧）

頁	作品名	年代	受賞・作曲一覧
6	風のあかちゃん	2001	ふるさとを歌う童謡コンクールin山東　審査員特別賞受賞 高月啓充作曲
8	エノコロ草		井原市子守歌フェスティバル「あなたのメロディー」優秀賞 高月啓充作曲
12	夕焼けの風に乗り		第９回富山県童謡フェスティバル「みんなの童謡」佳作入賞 高月啓充作曲
14	きっと　そうよね	2016	年刊童謡詩集編「こどものうた」・童謡祭参加　上　明子作曲
16	雨あがりの空		高月啓充作曲
20	駆け出してごらん		第８回富山県童謡フェスティバル「みんなの童謡」最優秀賞受賞　高月啓充作曲
26	風になりたい		第7回国民文化祭石川92「海の歌全国作曲コンクール」第2席国民文化祭実行委員会会長賞　高月啓充作曲
30	森のあかちゃん	2011	日本童謡協会年刊童謡詩集参加作品 第48回東京都小学校音楽教育研究会児童作曲コンクールのための詩に採用
32	雪の花びら		高月啓充作曲
34	かわいい赤ちゃん		作曲（古橋みちお・栗原正義・高月啓充・高橋友夫）
42	ふっふっふっ		高月啓充作曲
48	柿の実　つんだ		高月啓充作曲
52	オハグロトンボ	2014	多摩童謡友の会　パルテノン多摩賞　たま・みゆき作曲
54	ふうせんかずら		第27回とやま県童謡フェスティバル11みんなの童謡優秀賞 高月啓充作曲
58	じいちゃんが大好きだ		多摩童謡友の会「あなたも童謡詩人」佳作
60	じいちゃんとおふろ	2009	日本童謡協会年刊童謡詩集
62	ほおずき		第9回島木赤彦「童謡」コンクール優良賞
64	もぐらさん		東京多摩「あなたも童謡詩人」優秀賞（京王せいせき賞） たま・みゆき作曲
66	水でっぽう	2011	「あなたも童謡詩人」優秀童謡詩人賞（東京多摩ロータリークラブ賞）　たま・みゆき作曲
72	ちかくにしてね	2004	日本童謡協会編「こどものうた」・童謡祭参加　高月啓充作曲
76	かあさんの　ふるさと	2012	あなたも童謡詩人最優秀童謡詩人作詩賞（東京都多摩）
78	ねえ　母さん	2012	島木赤彦「童謡」コンクール佳作
80	草とりしたよ		高月啓充作曲
82	ありがとう　まけないよ	2010 2016	日本童謡協会年刊童謡詩集「こどものうた」参加作品 神村小学校三年生・学習発表会「井上和子の詩の世界で」 高月啓充作曲
84	君はともだち	2016	神村小学校三年生学習発表会 作曲（高月啓充・古橋みちお・八木英二・福永東子《はる》）

井上和子　（いのうえ　かずこ）

1939年　広島県福山市神村町生まれ、現在在住
　　　　幼くして父（戦死）母（離別）祖父母に育てられる
　　　　妹一人　17才の時　祖母（死別）やむなく高校中退し祖父と二人農業に
　　　　励む

1982年　ふくやまミュージックフェスティバル（広島県福山市）
　　　　歌謡曲の部「芦田川」入選（作曲、高月啓充）
　　　　この頃より作詩の勉強を始める（独学）

所　属　　このゆびとまれ（広島県福山市）
　　　　　とっくんこ（岡山市）
　　　　　（社）日本童謡協会　会員

吉田瑠美　（よしだ　るみ）

1983年　東京都渋谷区生まれ。京都市在住。
　　　　幼少期をニューヨークで過ごす。

2003年　青山学院女子短期大学芸術学科卒業。

十歳の時に始めた中国武術の講師を続けながら、2012年京都に移住したのを機に再び絵を本格的に描き始める。

2017年、絵本「あかりちゃんのつうがくろ」(垣内出版・漆原智良著）を出版。

個展を中心に定期的に作品を発表している。

現在は暮らしを楽しみながら主人と絵本を製作している。

NDC911
神奈川　銀の鈴社　2017
88頁　21cm（風のあかちゃん）

ジュニアポエムシリーズ　272　　2017年10月1日発行
本体1,600円＋税

風のあかちゃん

著　　者　　詩・井上和子©　絵・吉田瑠美©
発 行 者　　柴崎聡・西野真由美
編集発行　　㈱銀の鈴社　TEL 0467-61-1930　FAX 0467-61-1931
〒248-0005　神奈川県鎌倉市雪ノ下3-8-33
http://www.ginsuzu.com
E-mail　info@ginsuzu.com

ISBN978－4－86618－025－0　C8092　　印刷　電算印刷
落丁・乱丁本はお取り替え致します　　製本　渋谷文泉閣

…ジュニアポエムシリーズ…

1	鈴木敏史・詩集	宮下琢郎・絵	星の美しい村	★☆
2	小池知子・詩集	高志孝子・絵	おにわいっぱいぼくのなまえ	★☆
3	鶴岡千代子・詩集	武田淑子・絵	白い虹	児文芸新人賞
4	楠木しげお・詩集	久保雅勇・絵	カワウソの帽子	
5	津坂治男・詩集	垣内美穂・絵	大きくなったら	★◇
6	後藤れい子・詩集	山本まつ子・絵	あくたれぼうずのかぞえうた	
7	北村蔦子・詩集	柿本幸造・絵	あかちんらくがき	
8	吉田瑞穂・詩集	吉田翠・絵	しおまねきと少年	⌧★◎
9	新川和江・詩集	葉祥明・絵	野のまつり	★☆
10	阪田寛夫・詩集	織茂恭子・絵	夕方のにおい	◆★☆○
11	高田敏子・詩集	若山憲・絵	枯れ葉と星	★☆
12	原田直友・詩集	吉田翠・絵	スイッチョの歌	★◎
13	小林純一・詩集	久保雅勇・絵	茂作じいさん	◉★☆●◎
14	谷川俊太郎・詩集	長新太・絵	地球へのピクニック	★◎
15	与田準一・詩集	深沢省三・深沢紅子・絵	ゆめみることば	★
16	岸田衿子・詩集	中谷千代子・絵	だれもいそがない村	
17	江間章子・詩集	榊原直美・絵	水と風	◇◎
18	原田直友・詩集	小野まり・絵	虹―村の風景―	★
19	福田正夫・詩集	福田達夫・絵	星の輝く海	★☆
20	草野心平・詩集	長野ヒデ子・絵	げんげと蛙	★☆○◇
21	宮田滋子・詩集	青木まさる・絵	手紙のおうち	☆○
22	久保田昭三・詩集	斎藤彬子・絵	のはらでさきたい	
23	鶴岡千代子・詩集	加倉井和夫・武田淑子・絵	白いクジャク	★●
24	尾上尚子・詩集	まど・みちお・絵	そらいろのビー玉	児文協新人賞 ★☆
25	水上紅・詩集	深沢紅子・絵	私のすばる	☆
26	野呂昶・詩集	福島一二三・絵	おとのかだん	★
27	こやま峰子・詩集	武田淑子・絵	さんかくじょうぎ	☆
28	青戸かいち・詩集	駒宮録郎・絵	ぞうの子だって	
29	まきたかし・詩集	福田達夫・絵	いつか君の花咲くとき	★☆♡
30	薩摩忠・詩集	駒宮録郎・絵	まっかな秋	★☆♡
31	新川和江・詩集	福島一二三・絵	ヤァ!ヤナギの木	★☆○♡
32	井上靖・詩集	駒宮録郎・絵	シリア沙漠の少年	★☆♡
33	古村徹三	詩・絵	笑いの神さま	
34	江上波夫・詩集	青空風太郎・絵	ミスター人類	○☆
35	秋原秀夫・詩集	鈴木義治・絵	風の記憶	★◎
36	水村三千夫・詩集	武田淑子・絵	鳩を飛ばす	
37	久冨純江・詩集	渡辺安芸夫・絵	風車 クッキングポエム	
38	日野生三・詩集	吉野晃希男・絵	雲のスフィンクス	★
39	佐藤雅子・詩集	佐藤太清・広瀬きよみ・絵	五月の風	★
40	小黒恵子・詩集	武田淑子・絵	モンキーパズル	★
41	木村信子・詩集	山本典子・絵	でていった	
42	中野栄子・詩集	吉田翠・絵	風のうた	☆
43	宮田滋子・詩集	牧村慶子・絵	絵をかく夕日	★
44	大久保テイ子・詩集	渡辺安芸夫・絵	はたけの詩	★☆
45	秋原秀夫・詩集	赤星亮衛・絵	ちいさなともだち	♥

☆日本図書館協会選定（2015年度で終了）　●日本童謡賞　♧岡山県選定図書　◇岩手県選定図書
★全国学校図書館協議会選定（SLA）　♡日本子どもの本研究会選定　◆京都府選定図書
□少年詩賞　■茨城県すいせん図書　♥秋田県選定図書　⌧芸術選奨文部大臣賞
○厚生省中央児童福祉審議会すいせん図書　♣愛媛県教育会すいせん図書　◉赤い鳥文学賞　◆赤い靴賞

…ジュニアポエムシリーズ…

46 日友靖子詩集 藤城清治・安西明美・絵 猫曜日だから ◆☆
47 秋葉てる代詩集 武田淑子・絵 ハープムーンの夜に ♡
48 こやま峰子詩集 山本省三・絵 はじめのいーっぽ ★♡
49 黒柳啓子詩集 金子滋・絵 砂かけ狐 ♡
50 三枝ますみ詩集 武田淑子・絵 ピカソの絵 ☆♡●
51 夢虹二詩集 武田淑子・絵 とんぼの中にぼくがいる ♡○♥
52 はたちよしこ詩集 まど・みちお・絵 レモンの車輪 □♧
53 大岡信詩集 葉祥明・絵 朝の頌歌 ★☆♡♥◎
54 吉田瑞穂詩集 吉田翠・絵 オホーツク海の月 ★☆♡
55 さとう恭子詩集 村上保・絵 銀のしぶき ★☆♡
56 星乃ミミナ詩集 葉祥明・絵 星空の旅人 ★☆♡
57 葉祥明詩・絵 ありがとう そよ風 ★♡▲
58 青戸かいち詩集 初山滋・絵 双葉と風
59 小野ルミ詩集 和田誠・絵 ゆきふるるん ★☆●♡
60 なぐもはるき詩・絵 たったひとりの読者 ★♡♧

61 小関秀夫詩集 小倉玲子・絵 風《かざ》栞《しおり》 ★♡♥
62 海沼松世詩集 守下さおり・絵 かげろうのなか ☆♡
63 山本龍生詩集 小倉玲子・絵 春行き一番列車 ♡
64 小泉周二詩集 深沢省三・絵 こもりうた ★☆♡
65 かわてせいぞう詩集 若山憲・絵 野原のなかで ♡★♥
66 えぐちまき詩集 赤星亮衛・絵 ぞうのかばん ♡◆♥
67 池田あきつ詩集 小倉玲子・絵 天気雨 ♡
68 藤井則行詩集 君島美知子・絵 友へ ♡♤
69 藤哲生詩集 武田淑子・絵 秋いっぱい ★♠
70 日友靖子詩集 深沢紅子・絵 花天使を見ましたか ★
71 吉田瑞穂詩集 吉田翠・絵 はるおのかきの木 ★
72 小島禄琅詩集 中村陽子・絵 海を越えた蝶 ☆★♥♡
73 にしおまさこ詩集 杉田幸子・絵 あひるの子 ★
74 山下竹二詩集 徳田徳志芸・絵 レモンの木 ★
75 高崎乃理子詩集 奥山英俊・絵 おかあさんの庭 ★♡

76 檜きみこ詩集 広瀬弦・絵 しっぽいっぽん ★●□☆♡
77 たかはしけいこ詩集 高田三郎・絵 おかあさんのにおい ♡♣□
78 星乃ミミナ詩集 深澤邦朗・絵 花かんむり ♥☆♡
79 佐藤照雄詩集 津波信久・絵 沖縄 風と少年 ☆♡★
80 相馬梅子詩集 やなせたかし・絵 真珠のように ♥★
81 小島禄琅詩集 深沢紅子・絵 地球がすきだ ★
82 鈴木美智子詩集 黒澤梧郎・絵 龍のとぶ村 ◇★♥
83 いがらしれいこ詩集 高田三郎・絵 小さなてのひら ☆
84 宮入黎子詩集 小倉玲子・絵 春のトランペット ☆★
85 下田喜久美詩集 方振寧・絵 ルビーの空気をすいました ☆
86 野呂昶詩集 方振寧・絵 銀の矢ふれふれ ★
87 ちよはらまちこ詩集 ちよはらまちこ・絵 パリパリサラダ ★
88 秋原秀夫詩集 徳田徳志芸・絵 地球のうた ☆★
89 中島あやこ詩集 井上緑・絵 もうひとつの部屋 ★
90 藤川こうのすけ詩集 葉祥明・絵 こころインデックス ☆

✽サトウハチロー賞　✣毎日童謡賞
◌三木露風賞
♤福井県すいせん図書
▲神奈川県児童福祉審議会推薦優良図書
♠奈良県教育研究会すいせん図書
❊北海道選定図書　✿三越左千夫少年詩賞
⊕静岡県すいせん図書
◎学校図書館図書整備協会選定図書（SLBA）

…ジュニアポエムシリーズ…

- 91 新井　和・詩集 高田　三郎・絵 おばあちゃんの手紙 ☆★
- 92 はなわたえこ・詩集 えばとかつこ・絵 みずたまりのへんじ ★●
- 93 柏木恵美子・詩集 武田　淑子・絵 花のなかの先生 ☆
- 94 中原千津子・詩集 寺内　直美・絵 鳩への手紙 ★
- 95 髙瀬美代子・詩集 小倉　玲子・絵 仲なおり ★
- 96 杉本深由起・詩集 若山　憲・絵 トマトのきぶん ☆★◎ 児文芸新人賞
- 97 宍倉さとし・詩集 守下さおり・絵 海は青いとはかぎらない ♧
- 98 石井　英行・詩集 有賀　忍・絵 おじいちゃんの友だち ■
- 99 なかのひろ・詩集 アサト・シェラ・絵 とうさんのラブレター ☆★
- 100 小松　静江・詩集 藤川　秀之・絵 古自転車のバットマン
- 101 石原　一輝・詩集 加藤　真夢・絵 空になりたい ☆※★
- 102 小泉　周二・詩集 西　真里子・絵 誕生日の朝 ☆■★
- 103 くすのきしげのり童謡 わたなべあきお・絵 いちにのさんかんび ☆★
- 104 成本　和子・詩集 小倉　玲子・絵 生まれておいで ☆★※♡♧
- 105 伊藤　政弘・詩集 小倉　玲子・絵 心のかたちをした化石 ★
- 106 川崎　洋子・詩集 井戸　妙子・絵 ハンカチの木 □★☆
- 107 柘植　愛子・詩集 油野　誠一・絵 はずかしがりやのコジュケイ ※
- 108 新谷智恵子・詩集 葉　祥明・絵 風をください ☆◆○●♡✣
- 109 金親　尚子・詩集 牧　進・絵 あたたかな大地 ☆
- 110 黒柳　啓子・詩集 吉田　翠・絵 父ちゃんの足音 ☆★♡□
- 111 富田　栄子・詩集 油野　誠一・絵 にんじん笛 ♡☆
- 112 原　国子・詩集 高畠　純・絵 ゆうべのうちに ☆
- 113 宇部　京子・詩集 スズキコージ・絵 よいお天気の日に ○□●☆◇★
- 114 武鹿　悦子・詩集 牧野　鈴子・絵 お花見 ☆□
- 115 山本なおこ・詩集 梅田　俊作・絵 さりさりと雪の降る日 ☆★
- 116 小林比呂古・詩集 おおた慶文・絵 ねこのみち ☆
- 117 後藤れい子・詩集 渡辺あきお・絵 どろんこアイスクリーム ☆
- 118 重清　良吉・詩集 高田　三郎・絵 草の上 ☆□❀◆★
- 119 宮中　雲子・詩集 西　真里子・絵 どんな音がするでしょか ✲★
- 120 前山　敬子・詩集 若山　憲・絵 のんびりくらげ ☆★
- 121 川端　律子・詩集 若山　憲・絵 地球の星の上で ♡
- 122 たかはしけいこ・詩集 織茂　恭子・絵 とうちゃん ♡❀♣★
- 123 宮田　滋子・詩集 深澤　邦朗・絵 星の家族 ☆●
- 124 国沢たまき・詩集 唐沢　静・絵 新しい空がある
- 125 池田あきつ・詩集 小倉　玲子・絵 かえるの国 ★
- 126 黒田　恵子・詩集 倉島千賀子・絵 ボクのすきなおばあちゃん ☆★♡
- 127 垣内　磯子・詩集 宮崎　照代・絵 よなかのしまうまバス ☆♡★
- 128 小泉　周二・詩集 佐藤　平八・絵 太陽へ ❀★●☆♡
- 129 中島　和子・詩集 秋里　信子・絵 青い地球としゃぼんだま ☆★
- 130 のろさかん・詩集 福島一二三・絵 天のたて琴 ☆
- 131 加藤　丈夫・詩集 葉　祥明・絵 ただ今受信中 ☆★
- 132 北原　悠子・詩集 深沢　紅子・絵 あなたがいるから ♡
- 133 池田もと子・詩集 小倉　玲子・絵 おんぷになって ♡
- 134 鈴木　初江・詩集 吉田　翠・絵 はねだしの百合 ★
- 135 垣内　磯子・詩集 今井　俊・絵 かなしいときには ★

△長野県教育委員会すいせん図書　✡㈶日本動物愛護協会推薦図書
◆茨城県推奨図書

…ジュニアポエムシリーズ…

136 秋葉てる代詩集・やなせたかし・絵　おかしのすきな魔法使い ●★
137 青戸かいち詩集・永田萠・絵　小さなさようなら ❀★
138 柏木恵美子詩集・高田三郎・絵　雨のシロホン ♡★
139 藤井則行詩集・阿見みどり・絵　春だから ♡★◎
140 黒田勲子詩集・山中冬児・絵　いのちのみちを
141 南郷芳明詩集・的場豊子・絵　花時計
142 やなせたかし詩・絵　生きているってふしぎだな
143 内田麟太郎詩集・斎藤隆夫・絵　うみがわらっている
144 しまざきふみ詩集・島崎奈緒・絵　こねこのゆめ ♡
145 糸永えつこ詩集・武井武雄・絵　ふしぎの部屋から ♡
146 石坂きみこ詩集・鈴木英二・絵　風の中へ ♡
147 坂本のこ詩集・坂本こう・絵　ぼくの居場所 ♡
148 島村木綿子詩・絵　森のたまご ❀
149 楠木しげお詩集・わたせせいぞう・絵　まみちゃんのネコ ★
150 牛尾良子詩集・上矢津・絵　おかあさんの気持ち ♡

151 三越左千夫詩集・阿見みどり・絵　せかいでいちばん大きなかがみ ★
152 水村三千夫詩集・高見八重子・絵　月と子ねずみ
153 川越文子詩集・横松桃子・絵　ぼくの一歩ふしぎだね ★
154 すずきゆかり詩集・葉祥明・絵　まっすぐ空へ
155 西田純詩集・葉祥明・絵　木の声 水の声
156 清野倭文子詩集・水科舞・絵　ちいさな秘《ひ》密《みつ》
157 川奈静詩集・直江みちる・絵　浜ひるがおはパラボラアンテナ ★◎
158 若木良水詩集・西真里子・絵　光と風の中で
159 牧陽子詩集・渡辺あきお・絵　ねこの詩 ★◎
160 宮田滋子詩集・阿見みどり・絵　愛 一輪 ★◎
161 井上灯美子詩集・唐沢静・絵　ことばのくさり ☆●
162 滝波万理子詩集・滝波裕子・絵　みんな王《おう》様《さま》 ★●
163 冨岡みち詩集・関口コオ・絵　かぞえられへん せんぞさん ★
164 垣内磯子詩集・辻恵子・切り絵　緑色のライオン ★◎
165 すぎもとれいこ詩集・平井辰夫・絵　ちょっといいことあったとき ★

166 岡田喜代子詩集・おぐらひろかず・絵　千年の音 ★☆◎
167 川奈静詩集・直江みちる・絵　ひもの屋さんの空 ★◎☆♥♡
168 鶴岡千代子詩集・武田淑子・絵　白い花火 ★☆
169 井上灯美子詩集・唐沢静・絵　ちいさい空をノックノック ★◎☆
170 尾崎杏子詩集・ひなた山すじゅう郎・絵　海辺のほいくえん ☆♡★◎
171 柘植愛子詩集・やなせたかし・絵　たんぽぽ線路 ☆♡★◎●
172 小林比呂古詩集・うめざわのりお・絵　横須賀スケッチ ☆★◎♡▲
173 林佐知子詩集・串田敦子・絵　きょうという日 ☆★◎♡▲
174 後藤基宗子詩集・岡澤由紀子・絵　風とあくしゅ ☆♥★◎♡
175 土屋律子詩集・高瀬のぶえ・絵　るすばんカレー ☆♡★◎▲
176 三輪アイ子詩集・深沢邦朗・絵　かたぐるましてよ ★☆♡
177 田辺瑞美子詩集・西真里子・絵　地球賛歌 ☆★◎
178 髙瀬美代子詩集・小倉玲子・絵　オカリナを吹く少女 ☆♡
179 中野惠子詩集・串田敦子・絵　コロポックルでておいで ★♡☆●
180 松井節子詩集・阿見みどり・絵　風が遊びにきている ★☆♡▲

…ジュニアポエムシリーズ…

181	新谷智恵子詩集 徳田徳志芸・絵	とびたいペンギン	佐世保文学賞 ♡★◎▲
182	牛尾良子詩集 牛尾征治・写真	庭のおしゃべり	♡★◎
183	三枝ますみ詩集 高見八重子・絵	サバンナの子守歌	☆★
184	佐藤雅子詩集 佐藤太清 菊池治子・絵	空の牧《まき》場《ば》	☆★♡■◎◈
185	山内弘子詩集 おぐらひろかず・絵	思い出のポケット	♡★●
186	山内弘子詩集 阿見みどり・絵	花の旅人	♡★▲
187	原国子詩集 牧野鈴子・絵	小鳥のしらせ	♡★△◎
188	人見敬子 詩・絵	方《はこ》舟《ぶね》地球号 ―いのちは元気―	♡★◎
189	林佐知子詩集 串田敦子・絵	天にまっすぐ	★☆♡◎
190	小臣富子詩集 渡辺あきお・絵	わんさかわんさかどうぶつさん	✡♡★◎
191	川越文子詩集 かまだちえみ・写真	もうすぐだからね	♡★◎
192	永田喜久男詩集 武田淑子・絵	はんぶんごっこ	☆★◎♡
193	吉田房子詩集 大和田明代・絵	大地はすごい	★◎♡
194	石井春香詩集 高見八重子・絵	人魚の祈り	★♡
195	石原一輝詩集 小倉玲子・絵	雲のひるね	♡
196	たかはしけいこ詩集 高橋敏彦・絵	そのあと ひとは	★
197	宮田滋子詩集 おおた慶文・絵	風がふく日のお星さま	★♡◎
198	渡辺恵美子詩集 つるみゆき・絵	空をひとりじめ	★♡●
199	宮中雲子詩集 西真里子・絵	手と手のうた	★
200	杉本深由起詩集 太田大八・絵	漢字のかんじ	★♡❁
201	井上灯美子詩集 唐沢静・絵	心の窓が目だったら	★♡
202	峰松晶子詩集 おおた慶文・絵	きばなコスモスの道	★♡
203	高橋文子詩集 山中桃子・絵	八丈太鼓	★♡
204	長野貴子詩集 武田淑子・絵	星座の散歩	★♡
205	江口正子詩集 高見八重子・絵	水の勇気	♡☆★
206	藤本美智子 詩・絵	緑のふんすい	☆♡★
207	林佐知子詩集 串田敦子・絵	春はどどど	♡★◎
208	小関秀夫詩集 阿見みどり・絵	風のほとり	☆♡★
209	宗美津子詩集 宗信寛・絵	きたのもりのシマフクロウ	♡★
210	かわてせいぞう詩集 高橋敏彦・絵	流れのある風景	☆♡★
211	土屋律子詩集 高瀬のぶえ・絵	ただいまぁ	★♡☆◎
212	永田喜久男詩集 武田淑子・絵	かえっておいで	☆♡★
213	みたみちこ詩集 牧進・絵	いのちの色	♡★
214	糸永えつこ詩集 糸永わかこ・絵	母です 息子です おかまいなく	♡☆★
215	宮田滋子詩集 武田淑子・絵	さくらが走る	♡☆★●
216	柏木恵美子詩集 吉野晃希男・絵	ひとりぼっちの子クジラ	♡★◎
217	江口正子詩集 高見八重子・絵	小さな勇気	♡☆★
218	井上灯美子詩集 唐沢静・絵	いろのエンゼル	★♡
219	中島あやこ詩集 日向山寿十郎・絵	駅伝競走	★☆♡
220	高橋孝治詩集 高見八重子・絵	空の道 心の道	★♡
221	江口正子詩集 日向山寿十郎・絵	勇気の子	♡☆★
222	宮田滋子詩集 牧野鈴子・絵	白鳥よ	☆★
223	井上良子詩集 銅版画	太陽の指環	★
224	川越文子詩集 山中桃子・絵	魔法のことば	♡☆★
225	西本みさこ詩集 上司かのん・絵	いつもいっしょ	☆♡

…ジュニアポエムシリーズ…

226 おばらいちこ詩集 高見八重子・絵 ぞうのジャンボ ☆★♡
227 吉田房子詩集 本田あまね・絵 まわしてみたい石臼 ★♡
228 吉田房子詩集 阿見みどり・絵 花詩集 ★♡◎
229 田中たみ子詩集 唐沢静・絵 へこたれんよ ★◎
230 林佐知子詩集 串田敦子・絵 この空につながる ★♡
231 藤本美智子 詩・絵 心のふうせん ★♡
232 火星雅範詩集 西川律子・絵 ささぶねうかべたよ ★♡▲
233 吉田房子詩集 岸田歌子・絵 ゆりかごのうた ★♡
234 むらかみみちこ詩集 むらかみみちこ むらかみあくる・絵 風のゆうびんやさん ★♡
235 白谷玲花詩集 阿見みどり・絵 柳川白秋めぐりの詩 ★♡
236 ほさかとしこ詩集 内山つとむ・絵 神さまと小鳥 ★☆♡
237 内田麟太郎詩集 長野ヒデ子・絵 まぜごはん ☆★◎♡▲
238 小林比呂古詩集 出口雄大・絵 きりりと一直線 ♡★
239 牛尾良子詩集 おぐらひろかず・絵 うしの土鈴とうさぎの土鈴 ★◎♡
240 山本純子詩集 ルイコ・絵 ふふふ ★♡☆◎

241 神田亮 詩・絵 天使の翼 ★☆♡
242 かんざわみえ詩集 阿見みどり・絵 子供の心大人の心さ迷いながら ☆★◎▲
243 永田喜久男詩集 内山つとむ・絵 つながっていく ★☆♡
244 浜野木碧 詩・絵 海原散歩 ☆★◎♡
245 やまうち・しゅうへい詩集 山本省三・絵 風のおくりもの ☆★◎♡
246 すぎもとれいこ 詩・絵 てんきになあれ ★◎
247 冨岡みち詩集 加藤真夢・絵 地球は家族 ひとつだよ ♡☆◎★
248 北野千賀詩集 滝波裕子・絵 花束のように ♡☆★◎
249 石原一輝詩集 加藤真夢・絵 ぼくらのうた ♡★◎
250 土屋律子詩集 高瀬のぶえ・絵 まほうのくつ ♡☆★◎
251 津坂治男詩集 井上良子・絵 白い太陽 ☆♡★◎
252 石井英行詩集 よしだちなつ・表紙絵 野原くん ☆★♡◎▲
253 井上灯美子詩集 唐沢静・絵 たからもの ☆♡★
254 大竹典子詩集 加藤真夢・絵 おたんじょう ☆★
255 たかはしけいこ詩集 織茂恭子・絵 流れ星 ★♡

256 谷川俊太郎詩集 下田昌克・絵 そして ♡★◎
257 なんば・みちこ詩集 布下満・絵 トックントックン 大空で大地で ★◎
258 宮本美智子詩集 阿見みどり・絵 夢の中にそっと ★◎♡
259 成本和子詩集 阿見みどり・絵 天使の梯子 ★◎
260 海野文音詩集 牧野鈴子・絵 ナンドデモ ★♡
261 熊谷本郷詩集 永田萠・絵 かあさん かあさん ★♡
262 大楠翠詩集 吉野晃希男・絵 おにいちゃんの紙飛行機 ★♡●
263 久保恵子詩集 たかせちなつ・絵 わたしの心は 風に舞う ★♡
264 みずかみさやか詩集 葉祥明・絵 五月の空のように ★♡
265 尾崎昭代詩集 中辻アヤ子・絵 たんぽぽの日
266 はやしゆみ詩集 渡辺あきお・絵 わたしはきっと小鳥
267 田沢節子詩集 永田萠・絵 わき水ぷっくん
268 柘植愛子詩集 そねはらまさえ・絵 赤いながぐつ
269 馬場与志子詩集 日向山寿十郎・絵 ジャンケンポンでかくれんぼ
270 内田麟太郎詩集 高畠純・絵 たぬきのたまご

…ジュニアポエムシリーズ…

271 むらかみみちこ詩集・絵 家族のアルバム
272 井上和子詩集 吉田瑠美・絵 風のあかちゃん

＊刊行の順番はシリーズ番号と異なる場合があります。

ジュニアポエムシリーズは、子どもにもわかる言葉で真実の世界をうたう個人詩集のシリーズです。

本シリーズからは、毎回多くの作品が教科書等の掲載詩に選ばれており、1974年以来、全国の小・中学校の図書館や公共図書館等で、長く、広く、読み継がれています。

心を育むポエムの世界。

一人でも多くの子どもや大人に豊かなポエムの世界が届くよう、ジュニアポエムシリーズはこれからも小さな灯をともし続けて参ります。

銀の小箱シリーズ

葉　祥明　詩・絵　小さな庭
若山　憲　詩・絵　白い煙突
こばやしひろこ・詩　うめざわのりお・絵　みんななかよし
江口　正子・詩　油野　誠一・絵　みてみたい
やなせたかし　詩・絵　あこがれよなかよくしよう
冨岡　みち・詩　関口　コオ・絵　ないしょやで
小林比呂古・詩　神谷　健雄・絵　花かたみ
小泉　周二・詩　辻　友紀子・絵　誕生日・おめでとう
柏原　耿子・詩　阿見みどり・絵　アハハ・ウフフ・オホホ★♡▲
こばやしひろこ・詩　うめざわのりお・絵　ジャムパンみたいなお月さま★

すずのねえほん

たかはしけいこ・詩　中釜浩一郎・絵　わたし★◎
尾上　尚子・詩　小倉　玲子・絵　ぽわぽわん
糸永えつこ・詩　高見八重子・絵　はるなつあきふゆもうひとつ★ 児文芸新人賞
山口　敦子・詩　高橋　宏幸・絵　ばあばとあそぼう
あらい・まさはる・童謡　しのはらはれみ・絵　けさいちばんのおはようさん
佐藤　雅子・詩　佐藤　太清・絵　こもりうたのように● 日本童謡賞　美しい日本の12ヵ月
柏木　隆雄・詩　やなせたかし他・絵　かんさつ日記★♡

アンソロジー

渡辺　浦人・編　村上　保・絵　赤い鳥　青い鳥●
わたげの会・編　渡辺あきお・絵　花ひらく★
木曜会・編　西　真里子・絵　いまも星はでている★
木曜会・編　西　真里子・絵　いったりきたり♡
木曜会・編　西　真里子・絵　宇宙からのメッセージ
木曜会・編　西　真里子・絵　地球のキャッチボール★◎
木曜会・編　西　真里子・絵　おにぎりとんがった☆★◎
木曜会・編　西　真里子・絵　みぃーつけた♡★◎
木曜会・編　西　真里子・絵　ドキドキがとまらない
木曜会・編　西　真里子・絵　神さまのお通り★
木曜会・編　西　真里子・絵　公園の日だまりで★♡
木曜会・編　西　真里子・絵　ねこがのびをする♡★